© Copyright 2021 - All rights reserved.

You may not reproduce, duplicate or send the contents of this book without direct written permission from the author. You cannot hereby despite any circumstance blame the publisher or hold him or her to legal responsibility for any reparation, compensations, or monetary forfeiture owing to the information included herein, either in a direct or an indirect way.

Legal Notice: This book has copyright protection. You can use the book for personal purpose. You should not sell, use, alter, distribute, quote, take excerpts or paraphrase in part or whole the material contained in this book without obtaining the permission of the author first.

Disclaimer Notice: You must take note that the information in this document is for casual reading and entertainment purposes only.
We have made every attempt to provide accurate, up to date and reliable information. We do not express or imply guarantees of any kind. The persons who read admit that the writer is not occupied in giving legal, financial, medical or other advice. We put this book content by sourcing various places.

Please consult a licensed professional before you try any techniques shown in this book. By going through this document, the book lover comes to an agreement that under no situation is the author accountable for any forfeiture, direct or indirect, which they may incur because of the use of material contained in this document, including, but not limited to, errors, omissions, or inaccuracies.

Music Album Review

Guide For Connoisseurs

This book belongs to:
_____

By Cucu Suru

Artist _____

Album _____   Year _____

Track Name	Notes	Mood
		😐 😔 😮 🙂 😄
		😐 😔 😮 🙂 😄
		😐 😔 😮 🙂 😄
		😐 😔 😮 🙂 😄
		😐 😔 😮 🙂 😄
		😐 😔 😮 🙂 😄
		😐 😔 😮 🙂 😄
		😐 😔 😮 🙂 😄
		😐 😔 😮 🙂 😄
		😐 😔 😮 🙂 😄
		😐 😔 😮 🙂 😄
		😐 😔 😮 🙂 😄
		😐 😔 😮 🙂 😄
		😐 😔 😮 🙂 😄
		😐 😔 😮 🙂 😄
		😐 😔 😮 🙂 😄
		😐 😔 😮 🙂 😄
		😐 😔 😮 🙂 😄

Notes _____
_____
_____

Ratings ☆ ☆ ☆ ☆ ☆   **Mood** 😐 😔 😮 🙂 😄

Artist

Album Year

Track Name	Notes	Mood
		☺ ☺ ☺ ☺ ☺
		☺ ☺ ☺ ☺ ☺
		☺ ☺ ☺ ☺ ☺
		☺ ☺ ☺ ☺ ☺
		☺ ☺ ☺ ☺ ☺
		☺ ☺ ☺ ☺ ☺
		☺ ☺ ☺ ☺ ☺
		☺ ☺ ☺ ☺ ☺
		☺ ☺ ☺ ☺ ☺
		☺ ☺ ☺ ☺ ☺
		☺ ☺ ☺ ☺ ☺
		☺ ☺ ☺ ☺ ☺
		☺ ☺ ☺ ☺ ☺
		☺ ☺ ☺ ☺ ☺
		☺ ☺ ☺ ☺ ☺
		☺ ☺ ☺ ☺ ☺
		☺ ☺ ☺ ☺ ☺
		☺ ☺ ☺ ☺ ☺

Notes

Ratings ☆ ☆ ☆ ☆ ☆ **Mood**

Artist _____

Album _____ Year _____

Track Name	Notes	Mood
		😐 😌 😮 🙂 😀
		😐 😌 😮 🙂 😀
		😐 😌 😮 🙂 😀
		😐 😌 😮 🙂 😀
		😐 😌 😮 🙂 😀
		😐 😌 😮 🙂 😀
		😐 😌 😮 🙂 😀
		😐 😌 😮 🙂 😀
		😐 😌 😮 🙂 😀
		😐 😌 😮 🙂 😀
		😐 😌 😮 🙂 😀
		😐 😌 😮 🙂 😀
		😐 😌 😮 🙂 😀
		😐 😌 😮 🙂 😀
		😐 😌 😮 🙂 😀
		😐 😌 😮 🙂 😀
		😐 😌 😮 🙂 😀
		😐 😌 😮 🙂 😀

Notes _____
_____
_____

Ratings ☆ ☆ ☆ ☆ ☆   Mood

Artist

Album   Year

Track Name	Notes	Mood
		😐 😴 😮 🙂 😃
		😐 😴 😮 🙂 😃
		😐 😴 😮 🙂 😃
		😐 😴 😮 🙂 😃
		😐 😴 😮 🙂 😃
		😐 😴 😮 🙂 😃
		😐 😴 😮 🙂 😃
		😐 😴 😮 🙂 😃
		😐 😴 😮 🙂 😃
		😐 😴 😮 🙂 😃
		😐 😴 😮 🙂 😃
		😐 😴 😮 🙂 😃
		😐 😴 😮 🙂 😃
		😐 😴 😮 🙂 😃
		😐 😴 😮 🙂 😃
		😐 😴 😮 🙂 😃
		😐 😴 😮 🙂 😃
		😐 😴 😮 🙂 😃

Notes

Ratings ☆ ☆ ☆ ☆ ☆   **Mood**

Artist _____

Album _____ Year _____

Track Name	Notes	Mood
		😐 😮 😯 🙂 😀
		😐 😮 😯 🙂 😀
		😐 😮 😯 🙂 😀
		😐 😮 😯 🙂 😀
		😐 😮 😯 🙂 😀
		😐 😮 😯 🙂 😀
		😐 😮 😯 🙂 😀
		😐 😮 😯 🙂 😀
		😐 😮 😯 🙂 😀
		😐 😮 😯 🙂 😀
		😐 😮 😯 🙂 😀
		😐 😮 😯 🙂 😀
		😐 😮 😯 🙂 😀
		😐 😮 😯 🙂 😀
		😐 😮 😯 🙂 😀
		😐 😮 😯 🙂 😀
		😐 😮 😯 🙂 😀
		😐 😮 😯 🙂 😀

Notes _____
_____
_____

Ratings ☆ ☆ ☆ ☆ ☆   **Mood**

Artist

Album   Year

Track Name	Notes	Mood
		😐 😪 😮 🙂 😀
		😐 😪 😮 🙂 😀
		😐 😪 😮 🙂 😀
		😐 😪 😮 🙂 😀
		😐 😪 😮 🙂 😀
		😐 😪 😮 🙂 😀
		😐 😪 😮 🙂 😀
		😐 😪 😮 🙂 😀
		😐 😪 😮 🙂 😀
		😐 😪 😮 🙂 😀
		😐 😪 😮 🙂 😀
		😐 😪 😮 🙂 😀
		😐 😪 😮 🙂 😀
		😐 😪 😮 🙂 😀
		😐 😪 😮 🙂 😀
		😐 😪 😮 🙂 😀
		😐 😪 😮 🙂 😀
		😐 😪 😮 🙂 😀

Notes

Ratings ☆ ☆ ☆ ☆ ☆   **Mood**

Artist _____

Album _____   Year _____

Track Name	Notes	Mood
		😐 😔 😮 🙂 😀
		😐 😔 😮 🙂 😀
		😐 😔 😮 🙂 😀
		😐 😔 😮 🙂 😀
		😐 😔 😮 🙂 😀
		😐 😔 😮 🙂 😀
		😐 😔 😮 🙂 😀
		😐 😔 😮 🙂 😀
		😐 😔 😮 🙂 😀
		😐 😔 😮 🙂 😀
		😐 😔 😮 🙂 😀
		😐 😔 😮 🙂 😀
		😐 😔 😮 🙂 😀
		😐 😔 😮 🙂 😀
		😐 😔 😮 🙂 😀
		😐 😔 😮 🙂 😀
		😐 😔 😮 🙂 😀
		😐 😔 😮 🙂 😀

Notes _____
_____
_____

Ratings ☆ ☆ ☆ ☆ ☆   **Mood** 😐 😔 😮 🙂 😀

Artist

Album   Year

Track Name	Notes	Mood
		😐 😌 😮 🙂 😃
		😐 😌 😮 🙂 😃
		😐 😌 😮 🙂 😃
		😐 😌 😮 🙂 😃
		😐 😌 😮 🙂 😃
		😐 😌 😮 🙂 😃
		😐 😌 😮 🙂 😃
		😐 😌 😮 🙂 😃
		😐 😌 😮 🙂 😃
		😐 😌 😮 🙂 😃
		😐 😌 😮 🙂 😃
		😐 😌 😮 🙂 😃
		😐 😌 😮 🙂 😃
		😐 😌 😮 🙂 😃
		😐 😌 😮 🙂 😃
		😐 😌 😮 🙂 😃
		😐 😌 😮 🙂 😃
		😐 😌 😮 🙂 😃

Notes

Ratings ☆ ☆ ☆ ☆ ☆   **Mood**

Artist _____

Album _____ Year _____

Track Name	Notes	Mood
		😐 😌 😮 🙂 😃
		😐 😌 😮 🙂 😃
		😐 😌 😮 🙂 😃
		😐 😌 😮 🙂 😃
		😐 😌 😮 🙂 😃
		😐 😌 😮 🙂 😃
		😐 😌 😮 🙂 😃
		😐 😌 😮 🙂 😃
		😐 😌 😮 🙂 😃
		😐 😌 😮 🙂 😃
		😐 😌 😮 🙂 😃
		😐 😌 😮 🙂 😃
		😐 😌 😮 🙂 😃
		😐 😌 😮 🙂 😃
		😐 😌 😮 🙂 😃
		😐 😌 😮 🙂 😃
		😐 😌 😮 🙂 😃
		😐 😌 😮 🙂 😃

Notes _____
_____
_____

Ratings ☆ ☆ ☆ ☆ ☆   **Mood** 😐 😌 😮 🙂 😃

Artist

Album   Year

Track Name	Notes	Mood
		😐 😪 😮 🙂 😃
		😐 😪 😮 🙂 😃
		😐 😪 😮 🙂 😃
		😐 😪 😮 🙂 😃
		😐 😪 😮 🙂 😃
		😐 😪 😮 🙂 😃
		😐 😪 😮 🙂 😃
		😐 😪 😮 🙂 😃
		😐 😪 😮 🙂 😃
		😐 😪 😮 🙂 😃
		😐 😪 😮 🙂 😃
		😐 😪 😮 🙂 😃
		😐 😪 😮 🙂 😃
		😐 😪 😮 🙂 😃
		😐 😪 😮 🙂 😃
		😐 😪 😮 🙂 😃
		😐 😪 😮 🙂 😃
		😐 😪 😮 🙂 😃

Notes

Ratings ☆ ☆ ☆ ☆ ☆   **Mood**

Artist

Album   Year

Track Name	Notes	Mood
		😐 😌 😮 🙂 😃
		😐 😌 😮 🙂 😃
		😐 😌 😮 🙂 😃
		😐 😌 😮 🙂 😃
		😐 😌 😮 🙂 😃
		😐 😌 😮 🙂 😃
		😐 😌 😮 🙂 😃
		😐 😌 😮 🙂 😃
		😐 😌 😮 🙂 😃
		😐 😌 😮 🙂 😃
		😐 😌 😮 🙂 😃
		😐 😌 😮 🙂 😃
		😐 😌 😮 🙂 😃
		😐 😌 😮 🙂 😃
		😐 😌 😮 🙂 😃
		😐 😌 😮 🙂 😃
		😐 😌 😮 🙂 😃
		😐 😌 😮 🙂 😃

Notes

Ratings ☆ ☆ ☆ ☆ ☆   **Mood** 😐 😌 😮 🙂 😃

Artist

Album   Year

Track Name	Notes	Mood
		😐 😪 😮 🙂 😃
		😐 😪 😮 🙂 😃
		😐 😪 😮 🙂 😃
		😐 😪 😮 🙂 😃
		😐 😪 😮 🙂 😃
		😐 😪 😮 🙂 😃
		😐 😪 😮 🙂 😃
		😐 😪 😮 🙂 😃
		😐 😪 😮 🙂 😃
		😐 😪 😮 🙂 😃
		😐 😪 😮 🙂 😃
		😐 😪 😮 🙂 😃
		😐 😪 😮 🙂 😃
		😐 😪 😮 🙂 😃
		😐 😪 😮 🙂 😃
		😐 😪 😮 🙂 😃
		😐 😪 😮 🙂 😃
		😐 😪 😮 🙂 😃

Notes

Ratings ☆ ☆ ☆ ☆ ☆   **Mood**

Artist

Album   Year

Track Name	Notes	Mood
		😐 😌 😮 🙂 😄
		😐 😌 😮 🙂 😄
		😐 😌 😮 🙂 😄
		😐 😌 😮 🙂 😄
		😐 😌 😮 🙂 😄
		😐 😌 😮 🙂 😄
		😐 😌 😮 🙂 😄
		😐 😌 😮 🙂 😄
		😐 😌 😮 🙂 😄
		😐 😌 😮 🙂 😄
		😐 😌 😮 🙂 😄
		😐 😌 😮 🙂 😄
		😐 😌 😮 🙂 😄
		😐 😌 😮 🙂 😄
		😐 😌 😮 🙂 😄
		😐 😌 😮 🙂 😄
		😐 😌 😮 🙂 😄
		😐 😌 😮 🙂 😄

Notes

Ratings ☆ ☆ ☆ ☆ ☆   **Mood** 😐 😌 😮 🙂 😄

Artist

Album   Year

Track Name	Notes	Mood
		😐 😪 😮 🙂 😃
		😐 😪 😮 🙂 😃
		😐 😪 😮 🙂 😃
		😐 😪 😮 🙂 😃
		😐 😪 😮 🙂 😃
		😐 😪 😮 🙂 😃
		😐 😪 😮 🙂 😃
		😐 😪 😮 🙂 😃
		😐 😪 😮 🙂 😃
		😐 😪 😮 🙂 😃
		😐 😪 😮 🙂 😃
		😐 😪 😮 🙂 😃
		😐 😪 😮 🙂 😃
		😐 😪 😮 🙂 😃
		😐 😪 😮 🙂 😃
		😐 😪 😮 🙂 😃
		😐 😪 😮 🙂 😃
		😐 😪 😮 🙂 😃

Notes

Ratings ☆ ☆ ☆ ☆ ☆   **Mood**

Artist _____

Album _____ Year _____

Track Name	Notes	Mood
		😐 😪 😮 🙂 😀
		😐 😪 😮 🙂 😀
		😐 😪 😮 🙂 😀
		😐 😪 😮 🙂 😀
		😐 😪 😮 🙂 😀
		😐 😪 😮 🙂 😀
		😐 😪 😮 🙂 😀
		😐 😪 😮 🙂 😀
		😐 😪 😮 🙂 😀
		😐 😪 😮 🙂 😀
		😐 😪 😮 🙂 😀
		😐 😪 😮 🙂 😀
		😐 😪 😮 🙂 😀
		😐 😪 😮 🙂 😀
		😐 😪 😮 🙂 😀
		😐 😪 😮 🙂 😀
		😐 😪 😮 🙂 😀
		😐 😪 😮 🙂 😀

Notes _____
_____
_____

Ratings ☆ ☆ ☆ ☆ ☆   **Mood**

Artist

Album Year

Track Name	Notes	Mood
		😐 😮 😯 🙂 😃
		😐 😮 😯 🙂 😃
		😐 😮 😯 🙂 😃
		😐 😮 😯 🙂 😃
		😐 😮 😯 🙂 😃
		😐 😮 😯 🙂 😃
		😐 😮 😯 🙂 😃
		😐 😮 😯 🙂 😃
		😐 😮 😯 🙂 😃
		😐 😮 😯 🙂 😃
		😐 😮 😯 🙂 😃
		😐 😮 😯 🙂 😃
		😐 😮 😯 🙂 😃
		😐 😮 😯 🙂 😃
		😐 😮 😯 🙂 😃
		😐 😮 😯 🙂 😃
		😐 😮 😯 🙂 😃
		😐 😮 😯 🙂 😃

Notes

Ratings ☆ ☆ ☆ ☆ ☆   **Mood**

Artist _____

Album _____ Year _____

Track Name	Notes	Mood
		😐 😌 😮 🙂 😄
		😐 😌 😮 🙂 😄
		😐 😌 😮 🙂 😄
		😐 😌 😮 🙂 😄
		😐 😌 😮 🙂 😄
		😐 😌 😮 🙂 😄
		😐 😌 😮 🙂 😄
		😐 😌 😮 🙂 😄
		😐 😌 😮 🙂 😄
		😐 😌 😮 🙂 😄
		😐 😌 😮 🙂 😄
		😐 😌 😮 🙂 😄
		😐 😌 😮 🙂 😄
		😐 😌 😮 🙂 😄
		😐 😌 😮 🙂 😄
		😐 😌 😮 🙂 😄
		😐 😌 😮 🙂 😄
		😐 😌 😮 🙂 😄

Notes _____
_____
_____

Ratings ☆ ☆ ☆ ☆ ☆   **Mood** 😐 😌 😮 🙂 😄

Artist

Album Year

Track Name	Notes	Mood
		☹ 😴 😮 🙂 😄
		☹ 😴 😮 🙂 😄
		☹ 😴 😮 🙂 😄
		☹ 😴 😮 🙂 😄
		☹ 😴 😮 🙂 😄
		☹ 😴 😮 🙂 😄
		☹ 😴 😮 🙂 😄
		☹ 😴 😮 🙂 😄
		☹ 😴 😮 🙂 😄
		☹ 😴 😮 🙂 😄
		☹ 😴 😮 🙂 😄
		☹ 😴 😮 🙂 😄
		☹ 😴 😮 🙂 😄
		☹ 😴 😮 🙂 😄
		☹ 😴 😮 🙂 😄
		☹ 😴 😮 🙂 😄
		☹ 😴 😮 🙂 😄
		☹ 😴 😮 🙂 😄

Notes

Ratings ☆ ☆ ☆ ☆ ☆ **Mood**

Artist _____

Album _____   Year _____

Track Name	Notes	Mood
		😐 😌 😮 🙂 😃
		😐 😌 😮 🙂 😃
		😐 😌 😮 🙂 😃
		😐 😌 😮 🙂 😃
		😐 😌 😮 🙂 😃
		😐 😌 😮 🙂 😃
		😐 😌 😮 🙂 😃
		😐 😌 😮 🙂 😃
		😐 😌 😮 🙂 😃
		😐 😌 😮 🙂 😃
		😐 😌 😮 🙂 😃
		😐 😌 😮 🙂 😃
		😐 😌 😮 🙂 😃
		😐 😌 😮 🙂 😃
		😐 😌 😮 🙂 😃
		😐 😌 😮 🙂 😃
		😐 😌 😮 🙂 😃
		😐 😌 😮 🙂 😃

Notes _____
_____
_____

Ratings ☆ ☆ ☆ ☆ ☆   **Mood** 😐 😌 😮 🙂 😃

Artist

Album   Year

Track Name	Notes	Mood
		😐 😮 😲 🙂 😀
		😐 😮 😲 🙂 😀
		😐 😮 😲 🙂 😀
		😐 😮 😲 🙂 😀
		😐 😮 😲 🙂 😀
		😐 😮 😲 🙂 😀
		😐 😮 😲 🙂 😀
		😐 😮 😲 🙂 😀
		😐 😮 😲 🙂 😀
		😐 😮 😲 🙂 😀
		😐 😮 😲 🙂 😀
		😐 😮 😲 🙂 😀
		😐 😮 😲 🙂 😀
		😐 😮 😲 🙂 😀
		😐 😮 😲 🙂 😀
		😐 😮 😲 🙂 😀
		😐 😮 😲 🙂 😀
		😐 😮 😲 🙂 😀

Notes

Ratings ☆ ☆ ☆ ☆ ☆   **Mood** 😐 😮

Artist _____

Album _____   Year _____

Track Name	Notes	Mood
		😐 😪 😮 🙂 😀
		😐 😪 😮 🙂 😀
		😐 😪 😮 🙂 😀
		😐 😪 😮 🙂 😀
		😐 😪 😮 🙂 😀
		😐 😪 😮 🙂 😀
		😐 😪 😮 🙂 😀
		😐 😪 😮 🙂 😀
		😐 😪 😮 🙂 😀
		😐 😪 😮 🙂 😀
		😐 😪 😮 🙂 😀
		😐 😪 😮 🙂 😀
		😐 😪 😮 🙂 😀
		😐 😪 😮 🙂 😀
		😐 😪 😮 🙂 😀
		😐 😪 😮 🙂 😀
		😐 😪 😮 🙂 😀
		😐 😪 😮 🙂 😀

Notes _____
_____
_____

Ratings ☆ ☆ ☆ ☆ ☆   **Mood** 😐 😪 😮 🙂 😀

Artist

Album Year

Track Name	Notes	Mood
		😐 😴 😮 🙂 😃
		😐 😴 😮 🙂 😃
		😐 😴 😮 🙂 😃
		😐 😴 😮 🙂 😃
		😐 😴 😮 🙂 😃
		😐 😴 😮 🙂 😃
		😐 😴 😮 🙂 😃
		😐 😴 😮 🙂 😃
		😐 😴 😮 🙂 😃
		😐 😴 😮 🙂 😃
		😐 😴 😮 🙂 😃
		😐 😴 😮 🙂 😃
		😐 😴 😮 🙂 😃
		😐 😴 😮 🙂 😃
		😐 😴 😮 🙂 😃
		😐 😴 😮 🙂 😃
		😐 😴 😮 🙂 😃
		😐 😴 😮 🙂 😃

Notes

Ratings ☆ ☆ ☆ ☆ ☆ **Mood**

Artist

Album   Year

Track Name	Notes	Mood
		😐 😴 😮 🙂 😀
		😐 😴 😮 🙂 😀
		😐 😴 😮 🙂 😀
		😐 😴 😮 🙂 😀
		😐 😴 😮 🙂 😀
		😐 😴 😮 🙂 😀
		😐 😴 😮 🙂 😀
		😐 😴 😮 🙂 😀
		😐 😴 😮 🙂 😀
		😐 😴 😮 🙂 😀
		😐 😴 😮 🙂 😀
		😐 😴 😮 🙂 😀
		😐 😴 😮 🙂 😀
		😐 😴 😮 🙂 😀
		😐 😴 😮 🙂 😀
		😐 😴 😮 🙂 😀
		😐 😴 😮 🙂 😀
		😐 😴 😮 🙂 😀

Notes

Ratings ☆ ☆ ☆ ☆ ☆   **Mood**

Artist

Album _____ Year _____

Track Name	Notes	Mood
		😐 😴 😮 🙂 😃
		😐 😴 😮 🙂 😃
		😐 😴 😮 🙂 😃
		😐 😴 😮 🙂 😃
		😐 😴 😮 🙂 😃
		😐 😴 😮 🙂 😃
		😐 😴 😮 🙂 😃
		😐 😴 😮 🙂 😃
		😐 😴 😮 🙂 😃
		😐 😴 😮 🙂 😃
		😐 😴 😮 🙂 😃
		😐 😴 😮 🙂 😃
		😐 😴 😮 🙂 😃
		😐 😴 😮 🙂 😃
		😐 😴 😮 🙂 😃
		😐 😴 😮 🙂 😃
		😐 😴 😮 🙂 😃
		😐 😴 😮 🙂 😃

Notes _____

Ratings ☆ ☆ ☆ ☆ ☆ **Mood**

Artist

Album   Year

Track Name	Notes	Mood
		😐 😔 😮 🙂 😃
		😐 😔 😮 🙂 😃
		😐 😔 😮 🙂 😃
		😐 😔 😮 🙂 😃
		😐 😔 😮 🙂 😃
		😐 😔 😮 🙂 😃
		😐 😔 😮 🙂 😃
		😐 😔 😮 🙂 😃
		😐 😔 😮 🙂 😃
		😐 😔 😮 🙂 😃
		😐 😔 😮 🙂 😃
		😐 😔 😮 🙂 😃
		😐 😔 😮 🙂 😃
		😐 😔 😮 🙂 😃
		😐 😔 😮 🙂 😃
		😐 😔 😮 🙂 😃
		😐 😔 😮 🙂 😃
		😐 😔 😮 🙂 😃

Notes

Ratings ☆ ☆ ☆ ☆ ☆   **Mood** 😐 😔 😮 🙂 😃

Artist

Album   Year

Track Name	Notes	Mood
		☺ ☺ ☺ ☺ ☺
		☺ ☺ ☺ ☺ ☺
		☺ ☺ ☺ ☺ ☺
		☺ ☺ ☺ ☺ ☺
		☺ ☺ ☺ ☺ ☺
		☺ ☺ ☺ ☺ ☺
		☺ ☺ ☺ ☺ ☺
		☺ ☺ ☺ ☺ ☺
		☺ ☺ ☺ ☺ ☺
		☺ ☺ ☺ ☺ ☺
		☺ ☺ ☺ ☺ ☺
		☺ ☺ ☺ ☺ ☺
		☺ ☺ ☺ ☺ ☺
		☺ ☺ ☺ ☺ ☺
		☺ ☺ ☺ ☺ ☺
		☺ ☺ ☺ ☺ ☺
		☺ ☺ ☺ ☺ ☺
		☺ ☺ ☺ ☺ ☺

Notes

Ratings ☆ ☆ ☆ ☆ ☆   **Mood**

Artist _____

Album _____ Year _____

Track Name	Notes	Mood
		😐 😪 😮 🙂 😄
		😐 😪 😮 🙂 😄
		😐 😪 😮 🙂 😄
		😐 😪 😮 🙂 😄
		😐 😪 😮 🙂 😄
		😐 😪 😮 🙂 😄
		😐 😪 😮 🙂 😄
		😐 😪 😮 🙂 😄
		😐 😪 😮 🙂 😄
		😐 😪 😮 🙂 😄
		😐 😪 😮 🙂 😄
		😐 😪 😮 🙂 😄
		😐 😪 😮 🙂 😄
		😐 😪 😮 🙂 😄
		😐 😪 😮 🙂 😄
		😐 😪 😮 🙂 😄
		😐 😪 😮 🙂 😄
		😐 😪 😮 🙂 😄

Notes _____
_____
_____

Ratings ☆ ☆ ☆ ☆ ☆   **Mood**

Artist

Album _____ Year _____

Track Name	Notes	Mood
		😐 😌 😮 🙂 😀
		😐 😌 😮 🙂 😀
		😐 😌 😮 🙂 😀
		😐 😌 😮 🙂 😀
		😐 😌 😮 🙂 😀
		😐 😌 😮 🙂 😀
		😐 😌 😮 🙂 😀
		😐 😌 😮 🙂 😀
		😐 😌 😮 🙂 😀
		😐 😌 😮 🙂 😀
		😐 😌 😮 🙂 😀
		😐 😌 😮 🙂 😀
		😐 😌 😮 🙂 😀
		😐 😌 😮 🙂 😀
		😐 😌 😮 🙂 😀
		😐 😌 😮 🙂 😀
		😐 😌 😮 🙂 😀
		😐 😌 😮 🙂 😀

Notes _____

_____

Ratings ☆ ☆ ☆ ☆ ☆   **Mood** 😐 😌 😮 🙂 😀

Artist _____

Album _____   Year _____

Track Name	Notes	Mood
		😐 😒 😮 🙂 😃
		😐 😒 😮 🙂 😃
		😐 😒 😮 🙂 😃
		😐 😒 😮 🙂 😃
		😐 😒 😮 🙂 😃
		😐 😒 😮 🙂 😃
		😐 😒 😮 🙂 😃
		😐 😒 😮 🙂 😃
		😐 😒 😮 🙂 😃
		😐 😒 😮 🙂 😃
		😐 😒 😮 🙂 😃
		😐 😒 😮 🙂 😃
		😐 😒 😮 🙂 😃
		😐 😒 😮 🙂 😃
		😐 😒 😮 🙂 😃
		😐 😒 😮 🙂 😃
		😐 😒 😮 🙂 😃
		😐 😒 😮 🙂 😃

Notes _____
_____
_____

Ratings ☆ ☆ ☆ ☆ ☆   **Mood** 😐 😒 😮 🙂 😃

Artist

Album   Year

Track Name	Notes	Mood
		😐 😮 😯 🙂 😃
		😐 😮 😯 🙂 😃
		😐 😮 😯 🙂 😃
		😐 😮 😯 🙂 😃
		😐 😮 😯 🙂 😃
		😐 😮 😯 🙂 😃
		😐 😮 😯 🙂 😃
		😐 😮 😯 🙂 😃
		😐 😮 😯 🙂 😃
		😐 😮 😯 🙂 😃
		😐 😮 😯 🙂 😃
		😐 😮 😯 🙂 😃
		😐 😮 😯 🙂 😃
		😐 😮 😯 🙂 😃
		😐 😮 😯 🙂 😃
		😐 😮 😯 🙂 😃
		😐 😮 😯 🙂 😃
		😐 😮 😯 🙂 😃

Notes

Ratings ☆ ☆ ☆ ☆ ☆   **Mood**

Artist

Album   Year

Track Name	Notes	Mood
		☺ ☺ ☺ ☺ ☺
		☺ ☺ ☺ ☺ ☺
		☺ ☺ ☺ ☺ ☺
		☺ ☺ ☺ ☺ ☺
		☺ ☺ ☺ ☺ ☺
		☺ ☺ ☺ ☺ ☺
		☺ ☺ ☺ ☺ ☺
		☺ ☺ ☺ ☺ ☺
		☺ ☺ ☺ ☺ ☺
		☺ ☺ ☺ ☺ ☺
		☺ ☺ ☺ ☺ ☺
		☺ ☺ ☺ ☺ ☺
		☺ ☺ ☺ ☺ ☺
		☺ ☺ ☺ ☺ ☺
		☺ ☺ ☺ ☺ ☺
		☺ ☺ ☺ ☺ ☺
		☺ ☺ ☺ ☺ ☺
		☺ ☺ ☺ ☺ ☺

Notes

Ratings ☆ ☆ ☆ ☆ ☆   Mood

Artist

Album   Year

Track Name	Notes	Mood
		☺ ☺ ☺ ☺ ☺
		☺ ☺ ☺ ☺ ☺
		☺ ☺ ☺ ☺ ☺
		☺ ☺ ☺ ☺ ☺
		☺ ☺ ☺ ☺ ☺
		☺ ☺ ☺ ☺ ☺
		☺ ☺ ☺ ☺ ☺
		☺ ☺ ☺ ☺ ☺
		☺ ☺ ☺ ☺ ☺
		☺ ☺ ☺ ☺ ☺
		☺ ☺ ☺ ☺ ☺
		☺ ☺ ☺ ☺ ☺
		☺ ☺ ☺ ☺ ☺
		☺ ☺ ☺ ☺ ☺
		☺ ☺ ☺ ☺ ☺
		☺ ☺ ☺ ☺ ☺
		☺ ☺ ☺ ☺ ☺
		☺ ☺ ☺ ☺ ☺

Notes

Ratings ☆ ☆ ☆ ☆ ☆   **Mood**

Artist

Album   Year

Track Name	Notes	Mood
		😐 😴 😮 🙂 😃
		😐 😴 😮 🙂 😃
		😐 😴 😮 🙂 😃
		😐 😴 😮 🙂 😃
		😐 😴 😮 🙂 😃
		😐 😴 😮 🙂 😃
		😐 😴 😮 🙂 😃
		😐 😴 😮 🙂 😃
		😐 😴 😮 🙂 😃
		😐 😴 😮 🙂 😃
		😐 😴 😮 🙂 😃
		😐 😴 😮 🙂 😃
		😐 😴 😮 🙂 😃
		😐 😴 😮 🙂 😃
		😐 😴 😮 🙂 😃
		😐 😴 😮 🙂 😃
		😐 😴 😮 🙂 😃
		😐 😴 😮 🙂 😃

Notes

Ratings ☆ ☆ ☆ ☆ ☆   **Mood** 😐 😴 😮 🙂 😃

Artist

Album   Year

Track Name	Notes	Mood
		😐 😴 😮 🙂 😄
		😐 😴 😮 🙂 😄
		😐 😴 😮 🙂 😄
		😐 😴 😮 🙂 😄
		😐 😴 😮 🙂 😄
		😐 😴 😮 🙂 😄
		😐 😴 😮 🙂 😄
		😐 😴 😮 🙂 😄
		😐 😴 😮 🙂 😄
		😐 😴 😮 🙂 😄
		😐 😴 😮 🙂 😄
		😐 😴 😮 🙂 😄
		😐 😴 😮 🙂 😄
		😐 😴 😮 🙂 😄
		😐 😴 😮 🙂 😄
		😐 😴 😮 🙂 😄
		😐 😴 😮 🙂 😄
		😐 😴 😮 🙂 😄

Notes

Ratings ☆ ☆ ☆ ☆ ☆   **Mood**

Artist

Album Year

Track Name	Notes	Mood
		☺ ☺ ☺ ☺ ☺
		☺ ☺ ☺ ☺ ☺
		☺ ☺ ☺ ☺ ☺
		☺ ☺ ☺ ☺ ☺
		☺ ☺ ☺ ☺ ☺
		☺ ☺ ☺ ☺ ☺
		☺ ☺ ☺ ☺ ☺
		☺ ☺ ☺ ☺ ☺
		☺ ☺ ☺ ☺ ☺
		☺ ☺ ☺ ☺ ☺
		☺ ☺ ☺ ☺ ☺
		☺ ☺ ☺ ☺ ☺
		☺ ☺ ☺ ☺ ☺
		☺ ☺ ☺ ☺ ☺
		☺ ☺ ☺ ☺ ☺
		☺ ☺ ☺ ☺ ☺
		☺ ☺ ☺ ☺ ☺
		☺ ☺ ☺ ☺ ☺

Notes

Ratings ☆ ☆ ☆ ☆ ☆ **Mood**

Artist

Album								Year

Track Name	Notes	Mood
		😐 😴 😮 🙂 😀
		😐 😴 😮 🙂 😀
		😐 😴 😮 🙂 😀
		😐 😴 😮 🙂 😀
		😐 😴 😮 🙂 😀
		😐 😴 😮 🙂 😀
		😐 😴 😮 🙂 😀
		😐 😴 😮 🙂 😀
		😐 😴 😮 🙂 😀
		😐 😴 😮 🙂 😀
		😐 😴 😮 🙂 😀
		😐 😴 😮 🙂 😀
		😐 😴 😮 🙂 😀
		😐 😴 😮 🙂 😀
		😐 😴 😮 🙂 😀
		😐 😴 😮 🙂 😀
		😐 😴 😮 🙂 😀
		😐 😴 😮 🙂 😀

Notes

Ratings ☆ ☆ ☆ ☆ ☆	**Mood**

Artist _____

Album _____ Year _____

Track Name	Notes	Mood
		😐 😌 😮 🙂 😄
		😐 😌 😮 🙂 😄
		😐 😌 😮 🙂 😄
		😐 😌 😮 🙂 😄
		😐 😌 😮 🙂 😄
		😐 😌 😮 🙂 😄
		😐 😌 😮 🙂 😄
		😐 😌 😮 🙂 😄
		😐 😌 😮 🙂 😄
		😐 😌 😮 🙂 😄
		😐 😌 😮 🙂 😄
		😐 😌 😮 🙂 😄
		😐 😌 😮 🙂 😄
		😐 😌 😮 🙂 😄
		😐 😌 😮 🙂 😄
		😐 😌 😮 🙂 😄
		😐 😌 😮 🙂 😄
		😐 😌 😮 🙂 😄

Notes _____
_____
_____

Ratings ☆ ☆ ☆ ☆ ☆   **Mood** 😐 😌 😮 🙂 😄

Artist

Album   Year

Track Name	Notes	Mood
		😐 😌 😮 🙂 😃
		😐 😌 😮 🙂 😃
		😐 😌 😮 🙂 😃
		😐 😌 😮 🙂 😃
		😐 😌 😮 🙂 😃
		😐 😌 😮 🙂 😃
		😐 😌 😮 🙂 😃
		😐 😌 😮 🙂 😃
		😐 😌 😮 🙂 😃
		😐 😌 😮 🙂 😃
		😐 😌 😮 🙂 😃
		😐 😌 😮 🙂 😃
		😐 😌 😮 🙂 😃
		😐 😌 😮 🙂 😃
		😐 😌 😮 🙂 😃
		😐 😌 😮 🙂 😃
		😐 😌 😮 🙂 😃
		😐 😌 😮 🙂 😃

Notes

Ratings ☆ ☆ ☆ ☆ ☆   **Mood** 😐 😌 😮 🙂 😃

Artist

Album　　　　　　　　　　　　　　　　　　　　　　Year

Track Name	Notes	Mood
		☹ 😪 😮 🙂 😀
		☹ 😪 😮 🙂 😀
		☹ 😪 😮 🙂 😀
		☹ 😪 😮 🙂 😀
		☹ 😪 😮 🙂 😀
		☹ 😪 😮 🙂 😀
		☹ 😪 😮 🙂 😀
		☹ 😪 😮 🙂 😀
		☹ 😪 😮 🙂 😀
		☹ 😪 😮 🙂 😀
		☹ 😪 😮 🙂 😀
		☹ 😪 😮 🙂 😀
		☹ 😪 😮 🙂 😀
		☹ 😪 😮 🙂 😀
		☹ 😪 😮 🙂 😀
		☹ 😪 😮 🙂 😀
		☹ 😪 😮 🙂 😀
		☹ 😪 😮 🙂 😀

Notes

Ratings ☆ ☆ ☆ ☆ ☆　　　　　**Mood**

Artist

Album _____ Year _____

Track Name	Notes	Mood
		😐 😪 😮 🙂 😃
		😐 😪 😮 🙂 😃
		😐 😪 😮 🙂 😃
		😐 😪 😮 🙂 😃
		😐 😪 😮 🙂 😃
		😐 😪 😮 🙂 😃
		😐 😪 😮 🙂 😃
		😐 😪 😮 🙂 😃
		😐 😪 😮 🙂 😃
		😐 😪 😮 🙂 😃
		😐 😪 😮 🙂 😃
		😐 😪 😮 🙂 😃
		😐 😪 😮 🙂 😃
		😐 😪 😮 🙂 😃
		😐 😪 😮 🙂 😃
		😐 😪 😮 🙂 😃
		😐 😪 😮 🙂 😃
		😐 😪 😮 🙂 😃

Notes _____

Ratings ☆ ☆ ☆ ☆ ☆   **Mood**

Artist _____

Album _____   Year _____

Track Name	Notes	Mood
		☹ 😌 😮 🙂 😃
		☹ 😌 😮 🙂 😃
		☹ 😌 😮 🙂 😃
		☹ 😌 😮 🙂 😃
		☹ 😌 😮 🙂 😃
		☹ 😌 😮 🙂 😃
		☹ 😌 😮 🙂 😃
		☹ 😌 😮 🙂 😃
		☹ 😌 😮 🙂 😃
		☹ 😌 😮 🙂 😃
		☹ 😌 😮 🙂 😃
		☹ 😌 😮 🙂 😃
		☹ 😌 😮 🙂 😃
		☹ 😌 😮 🙂 😃
		☹ 😌 😮 🙂 😃
		☹ 😌 😮 🙂 😃
		☹ 😌 😮 🙂 😃
		☹ 😌 😮 🙂 😃

Notes _____
_____
_____

Ratings ☆ ☆ ☆ ☆ ☆   **Mood** ☹ 😌 😮 🙂 😃

Artist

Album _____ Year _____

Track Name	Notes	Mood
		😐 😌 😮 🙂 😃
		😐 😌 😮 🙂 😃
		😐 😌 😮 🙂 😃
		😐 😌 😮 🙂 😃
		😐 😌 😮 🙂 😃
		😐 😌 😮 🙂 😃
		😐 😌 😮 🙂 😃
		😐 😌 😮 🙂 😃
		😐 😌 😮 🙂 😃
		😐 😌 😮 🙂 😃
		😐 😌 😮 🙂 😃
		😐 😌 😮 🙂 😃
		😐 😌 😮 🙂 😃
		😐 😌 😮 🙂 😃
		😐 😌 😮 🙂 😃
		😐 😌 😮 🙂 😃
		😐 😌 😮 🙂 😃
		😐 😌 😮 🙂 😃

Notes _____

_____

Ratings ☆ ☆ ☆ ☆ ☆   **Mood**

Artist _____

Album _____ Year _____

Track Name	Notes	Mood
		😐 😌 😮 🙂 😀
		😐 😌 😮 🙂 😀
		😐 😌 😮 🙂 😀
		😐 😌 😮 🙂 😀
		😐 😌 😮 🙂 😀
		😐 😌 😮 🙂 😀
		😐 😌 😮 🙂 😀
		😐 😌 😮 🙂 😀
		😐 😌 😮 🙂 😀
		😐 😌 😮 🙂 😀
		😐 😌 😮 🙂 😀
		😐 😌 😮 🙂 😀
		😐 😌 😮 🙂 😀
		😐 😌 😮 🙂 😀
		😐 😌 😮 🙂 😀
		😐 😌 😮 🙂 😀
		😐 😌 😮 🙂 😀
		😐 😌 😮 🙂 😀

Notes _____
_____
_____

Ratings ☆ ☆ ☆ ☆ ☆   **Mood** 😐 😌 😮 🙂 😀

Artist

Album   Year

Track Name	Notes	Mood
		😐 😌 😮 🙂 😃
		😐 😌 😮 🙂 😃
		😐 😌 😮 🙂 😃
		😐 😌 😮 🙂 😃
		😐 😌 😮 🙂 😃
		😐 😌 😮 🙂 😃
		😐 😌 😮 🙂 😃
		😐 😌 😮 🙂 😃
		😐 😌 😮 🙂 😃
		😐 😌 😮 🙂 😃
		😐 😌 😮 🙂 😃
		😐 😌 😮 🙂 😃
		😐 😌 😮 🙂 😃
		😐 😌 😮 🙂 😃
		😐 😌 😮 🙂 😃
		😐 😌 😮 🙂 😃
		😐 😌 😮 🙂 😃
		😐 😌 😮 🙂 😃

Notes

Ratings ☆ ☆ ☆ ☆ ☆   **Mood**

Artist _____

Album _____ Year _____

Track Name	Notes	Mood
		☹ 😪 😮 🙂 😄
		☹ 😪 😮 🙂 😄
		☹ 😪 😮 🙂 😄
		☹ 😪 😮 🙂 😄
		☹ 😪 😮 🙂 😄
		☹ 😪 😮 🙂 😄
		☹ 😪 😮 🙂 😄
		☹ 😪 😮 🙂 😄
		☹ 😪 😮 🙂 😄
		☹ 😪 😮 🙂 😄
		☹ 😪 😮 🙂 😄
		☹ 😪 😮 🙂 😄
		☹ 😪 😮 🙂 😄
		☹ 😪 😮 🙂 😄
		☹ 😪 😮 🙂 😄
		☹ 😪 😮 🙂 😄
		☹ 😪 😮 🙂 😄
		☹ 😪 😮 🙂 😄

Notes _____
_____
_____

Ratings ☆ ☆ ☆ ☆ ☆   **Mood**   😄

Artist

Album   Year

Track Name	Notes	Mood
		😐 😴 😮 🙂 😃
		😐 😴 😮 🙂 😃
		😐 😴 😮 🙂 😃
		😐 😴 😮 🙂 😃
		😐 😴 😮 🙂 😃
		😐 😴 😮 🙂 😃
		😐 😴 😮 🙂 😃
		😐 😴 😮 🙂 😃
		😐 😴 😮 🙂 😃
		😐 😴 😮 🙂 😃
		😐 😴 😮 🙂 😃
		😐 😴 😮 🙂 😃
		😐 😴 😮 🙂 😃
		😐 😴 😮 🙂 😃
		😐 😴 😮 🙂 😃
		😐 😴 😮 🙂 😃
		😐 😴 😮 🙂 😃
		😐 😴 😮 🙂 😃

Notes

Ratings ☆ ☆ ☆ ☆ ☆   **Mood**

Thank you.

We hope you enjoyed our book.

As a small family company, your feedbeack is very important for us.

Please let us knou how you like our book at:

stromplklaus@yahoo.com

www.ingramcontent.com/pod-product-compliance
Lightning Source LLC
Chambersburg PA
CBHW081422080526

44589CB00016B/2639